흰 눈의 언어

최영희 시집

문학신문 출판국

최영희 시집
흰 눈의 언어

제1판 1쇄 인쇄 · 2021년 12월 10일
제1판 1쇄 발행 · 2021년 12월 15일

지은이 · 최영희
펴낸이 · 이종기
펴낸 곳 · 세종문화사
편집 주간 · 김영희

주소 · (03740)
서울 서대문구 통일로 107-39, 223호
E-mail: eds@kbnews.net
등록 · 1974년 2월 10일 제9-38호
전화 · (02)363-3345
팩스 · (02)363-9990

ISBN 978-89-7424-179-7   03810

값 10,000원

삶의 진한 흔적

문효치
(전 한국문인협회 이사장,
전 국제펜 한국본부 이사장)

　최영희 시인이 세 번째 시집을 낸다. 그동안 문학 교실에서 열심히 공부하면서 습작을 통해 실력을 쌓아 왔다. 그의 시에 대한 열정은 조용하면서도 뜨겁다. 의욕은 안으로 다지면서 목표는 높은 곳에 두어 왔다. 시집의 원고를 읽으면서 매우 우수한 작품들이 많이 눈에 띄었다.
　그의 시편들에서는 삶의 체취가 물씬 풍겨 난다. 생활 속에서 건져 올린 시편들이 많기 때문이다. 세상을 살면서 시인에게 다가오는 물상들, 조건들, 또는 생각들이 모두 경험으로 축적되고 이 경험의 창고에서 숙성되고 승화된 사물과 스토리가 언어화되고 있다.
　그가 살아 내는 삶은 단순치 않다. 사랑과 그리움, 영광과 상처, 기쁨과 슬픔, 희망과 절망 등. 숨 막히게 다가오는 삶을 영육으로 받아 내고 있다. 적어도 시의 세계를 통해서 보면 그렇다.

　　그 별은 내 가슴속에
　　들어와 있지

하루에도 몇 번씩
뜨고 지는 별

덧쌓인 기다림에 눌려
어쩌면 부서질지 모르는 휘광

숨죽이며 지나는
미세한 시간 틈에서
조금씩 균열한다

적막이 두려워
가물가물 흔들리다가

긴 꼬리에 매달려
산화하는 혜성

거소를 잃고 떠나가는
하늘 가슴에 별이 진다
- 「그리움」 전문 -

  가슴속에 들어와 있는 별이 '하루에도 몇 번씩 뜨고' 진다니 정말 절절한 그리움이 드러나 있다. '덧없는 기다림에 눌려 어쩌면 부서질지 모르는 휘광'이라니 애절하기 그지없다.
  그의 감성은 감상感傷으로 끝나지 않는다. 정제되고 고양되어 아름다운 서정으로 태어난다. 그의 시가 단아하고 향기로운 것은 이러한 까닭이다.

깃발, 꽃, 창, 고궁, 종이배, 비, 솔잎, 기러기, 낙엽, 컵, 지하철, 책, 풀잠자리, 바람 등 그가 호출하는 사물은 다양하다. 그러나 이러한 사물을 있는 그대로 그려 내지 않는다. 그것이 생물이든 무생물이든 그 내면의 본질을 들여다보면서 일상인이 보지 못하는 새로운 진실을 찾아낸다.

이렇듯 국면 전환을 통해 최영희 시인만의 특별한 미학이 성취된다.

> 한 송이 꽃이 피려면 / 더 많은 햇볕과 / 더 많은 빗방울과 / 더 많은 인내가 필요하다 // 꽃은 단순한 치장이 아니다 / 맑고 고운 빛깔을 빚는 영혼과 / 향기 고이는 인고의 시간과 / 꽃잎을 여는 열정의 에너지
>
> — 「꽃」의 일부에서 —

위의 시에서 '꽃'을 그의 '시'로 바꾸어 놓으면 그의 시 창작의 비밀이 밝혀진다. '햇볕'과 '빗방울'과 '바람'으로 상징되는 사유와 상상하는 노력, 그리고 '더 많은 인내'의 산고를 겪으면서 그의 시는 태어난다. 그러기 때문에 그의 시는 '단순한 치장'이 아닌 삶의 진한 흔적이라 할 것이다.

2021년 초겨울

프롤로그

'산은 산이요, 물은 물이로다.'
이 유명한 사자후가 이제 조금은 이해가 될 듯하다.
인생을 사노라면 물을 건너고 산을 넘어야 하는 굽이굽이 힘겨운 시간들이 있다. 그것이 우리네 인생이다. 시작도 끝도 알 수 없는 기나긴 삶의 여정이다. 우리는 그저 흘러가는 물처럼 떠가는 구름처럼 물과 산을 뛰어넘고 흘러가는 나그네이다.
몰아가 되었을 때 자연과의 합일을 이해할 수 있을 뿐 물처럼 구름처럼 살아가고 있다는 사실을 선뜻 받아들이기 어렵다. 그래서 인생은 난해한 과제다.
저마다 인생은 고독하다. 함께 살아가는 것 같지만 혼자만의 세계다. 오롯이 자기 내면에 귀 기울일 때 고요의 참된 의미를 깨닫게 된다. 그 고요 속에는 오롯이 자신이 드러난다.

  시를 쓴다는 것은 고요의 독백이다. 오롯이 자신과 마주하는 일이며 자신을 맑히는 일이다. 자신만이 건져낼 수 있는 자신만의 오롯한 영혼이다.

  그것은 우주의 섭리에 순응하고 우주와 통섭하는 일이기도 하다. 시를 쓴다는 것은 자연이 되는 일이며 고요하게 살아가는 일이다.

  소리 없이 내리는 하얀 눈이 엽서로 쌓이는 들판에서 무슨 말인지 흰 눈의 언어를 읽어 보고 싶다.

  선뜻 서문을 써 주신 문효치 교수님께 깊이 감사드린다.

휘서輝瑞 최영희

차례

프롤로그 ···· 4

제1부 돌개바람 부는 날

독백 ···· 16
돌개바람 부는 날 ···· 18
그리움 ···· 19
연못의 대화 ···· 20
흰 눈의 언어 ···· 21
깃발 ···· 22
닻 ···· 23
나무 의자 1 ···· 24
나무 의자 2 ···· 25
암자의 밤 ···· 26
남해 보리암 ···· 27
산책 1 ···· 28
산책 2 ···· 29
산책 3 ···· 30

제2부 돌아보지 마

돌아보지 마 ···· 32
어디쯤 ···· 33
바람꽃 ···· 34
그림자 ···· 35
불 꺼진 창 ···· 36
꽃의 탐미 ···· 37
삶은 ···· 38
물 위에 춤추며 ···· 39
연정 ···· 40
약속 ···· 41
꽃길에서 ···· 42
바람에 기대 ···· 43
얼굴 ···· 44
천년의 사랑 ···· 45
광야 ···· 46

제3부 낯선 길

낯선 길 ···· 48
공원에서 ···· 49
아침 ···· 50
비가 내리면 ···· 51
풍경 소리 ···· 52
어둠이 내리면 ···· 53
비 젖는 가로등 ···· 54
우산을 쓰고 ···· 55
꽃 그림자 ···· 56
밤의 적막 ···· 57
불꽃놀이 ···· 58
창밖엔 비가 ···· 59
고궁 뜨락에서 ···· 60
발자국 소리 ···· 61
종이배 ···· 62

제4부 고독한 열림

고독한 열림 ···· 64
봄비 ···· 65
봄의 연가 ···· 66
봄꽃 ···· 67
가을 산 ···· 68
설산의 솔잎 ···· 69
수평선 ···· 70
비 ···· 71
오후의 계곡 ···· 72
해무 ···· 73
꽃은 ···· 74
기러기 ···· 75
낙엽 ···· 76
가을 눈동자 ···· 77
도자기 컵 ···· 78

제5부 버스를 기다리며

버스를 기다리며 ···· 80
지하철 풍경 ···· 81
고요 ···· 82
바퀴 ···· 83
인천대교를 건너며 ···· 84
붉은 와인 ···· 86
늦은 가을날 ···· 87
은꽃새 ···· 88
들꽃 ···· 89
송도갯벌 람사르 ···· 90
메타세쿼이아 ···· 91
책 ···· 92
풀잠자리 ···· 93
외발 거미 ···· 94

제6부 하얀 달

하얀 달 ···· 96
별 ···· 97
운해 ···· 98
호수의 달 ···· 99
호수 ···· 100
새벽 ···· 101
저녁 강 ···· 102
반달로 뜨고 ···· 103
밤의 물결 ···· 104
바람 ···· 105
낙화 ···· 106
붉은 꽃 ···· 107
한낮의 대숲 ···· 108
바람 부는 숲 ···· 109
태양 아래 선 나무 ···· 110

제7부 가을 민들레

봄이 오는 길 ···· 112
산수유 노란 꽃 ···· 113
하얀 목련 ···· 114
나리꽃 ···· 115
능소화 ···· 116
수련 ···· 117
제비꽃 ···· 118
풀꽃 ···· 119
가을 민들레 ···· 120
가을 담쟁이 ···· 121
대나무 숲 ···· 122
강아지풀의 겨울 ···· 123
장미꽃 ···· 124
달리아꽃 ···· 125
도라지꽃 ···· 126
배롱나무꽃 ···· 125

에필로그 ···· 128

제1부
돌개바람 부는 날

독백
돌개바람 부는 날
그리움
연못의 대화
흰 눈의 언어
깃발
닻
나무 의자 1
나무 의자 2
암자의 밤
남해 보리암
산책 1
산책 2
산책 3

독백

오래전까지 나는
묶음

불현듯 목공의 부름을 받아
나이테를 감던 속살을 드러내고
그 사이로 매끄러운 길을 내며
안으로 허공을 들여놓았지

서걱서걱 상념들을 긁어내고
깊숙이 공명을 울리며
뼈아픈 흔적들을 모아
어둠 속에 가둬 버린 거야

틈새로 들어온 햇살 좇아
구멍 밖을 슬슬 엿보고 있던 그때
나는 빛을 잃고 잿빛 바랑에 실려 와
손길 따라 숨결 따라
리듬 타고 정적을 치며
공중으로 사뿐 날아오르는 게 아니겠니

목청을 가다듬다가
구멍을 쑤욱 빠져나왔지

펄럭이는 장삼 자락 올올이 스며
홀린 듯 몰입하다 삼매에 들어 보니
울창한 숲속 베어진 그루터기

바람 소리,
새소리,
천둥소리,
빗방울 소리.
토독. 토독, 또르르. 톡. 탁.

돌개바람 부는 날

무거운 기류가 몰려와 적막을 친다

공중을 허허로이 선회하다가
농악대 상고머리 휘감아 돈다

소매 끝을 붙잡고
풍악 울리는 바람
내 가슴에 들어와 징을 울린다

거리로 나선 나무들의 추임새
심지를 돋우며 흔들리는 촛불처럼
광란하는 북채 허공을 깬다

열정의 혼마저 구름에 태워
하늘로 땅으로 내달음치면
잡색의 가면 위로 지르는 탄식

가로수 줄지어 객석을 메우고
농악대 깃발을 할퀴며 펄럭이는 풍류
세상은 풍악 행렬에 갇혀 있다

그리움

그 별은 내 가슴속에
들어와 있지

하루에도 몇 번씩
뜨고 지는 별

덧쌓인 기다림에 눌려
어쩌면 부서질지 모르는 휘광

숨죽이며 지나는
미세한 시간 틈에서
조금씩 균열한다

적막이 두려워
가물가물 흔들리다가

긴 꼬리에 매달려
산화하는 혜성

거소를 잃고 떠나가는
하늘 가슴에 별이 진다

연못의 대화

퇴색된 갈대 줄기 나불대며
포르르 들어앉은 연못 속으로
홀연 빠져드는 저 하늘

구겨진 수면 위로 덜컹대는 구름 마차
실어 가지 못한 영상을 남긴다

만물이 드리운 작은 세상에
긴 목을 빼며
심연 속을 기웃거리는 물구나무들

그 사이 물끄러미 바라보는
나그네 종종걸음 불러 세우고
액자처럼 걸어 놓는다

한참을 거니는 바람 속살대며
무언의 대화를 뿌리는 연못
거기에 끝닿은 우주가 반짝인다

흰 눈의 언어

황급하다
하얀 손을 휘저어 흔들며
달려오는 육각의 전령사

창문을 선회하며
몇 번을 두드리던 손끝은
가로놓인 벽을 뚫지 못한 채
난무를 접고 언어를 접는다

빙빙 돌며 벌판으로
하염없이 쏟아 내는 천상의 우편함

무슨 소식을 갖고 왔을까

흰 눈은 읽을 수 없는 엽서로
켜켜이 쌓여 가고

꾹꾹 도장 찍는 텃새
해빙이 올세라
날개깃에 실어 우주로 나른다

깃발

꼿꼿하게 고정된 깃대 위
단단히 노끈에 묶여 나부낀다

쪽지처럼 새겨진 낱말들이
깃발에 빼곡히 붙어
색색으로 치장한 채

질풍에 신명 나는 리듬을 타고
흩어질 듯 아스라이 펄럭이는 글자들

바람 따라 너울 부채 숨 가쁜 춤사위로
움켜쥔 글자를 읽으며
초혼의 손짓을 휘젓고 있다

닻

밧줄에 묶인
무거운 쇠 발톱
물살을 뚫고
심해에 뿌리박는다
양 날개 벌리고 정지한 멍텅구리 배
그림자 밑에 매달려 있다
급류에 휩쓸리는 어획
묵직한 생업의 고단을
지탱해야 한다
닻은 만선을 기다리며
칠흑 같은 바닷속 매 발톱 꽂고
공중에 박차오를 그날을
묵묵히 셈하고 있다

나무 의자 1

한때 푸른 잎 무성했을
바짝 마른 나무 의자

빛바랜 핏줄
드러내고 있다

노인의 까칠한 피부처럼
낱낱이 그려진 힘줄

바람도 고스란히 빠져나간
틈새로 햇볕만 인 채

먼발치 들려오는 누구의
발자국 소리 기다리는가

나무 의자 2

덧없는 세월 안고
낡아 가는 나무 의자

겨우내 서걱이다
어느새 길어진 햇살

풋풋한 나무 내음
기억조차 멀어져

틀어진 제 그림자
비스듬히 누인 채로

슬그머니 걸터앉은
봄 햇살 따사로운데

조용히 걸어오는 봄바람
무심하게 노닐고 있네

암자의 밤

산자락에 기대앉은
암자,
어두운 밤 서성이면

고단히 나래 접은
산새,
가지 위에 걸터 쉬는데

베일 두른 초승달이
수줍어,
살포시 하얀 낯을 가리고

여닫이 창문 틈새로
가물가물,
희미하게 새어 나온 등불

적적한 밤하늘엔 별만 아득해
쉬잇 쉿,
심광의 빛 소식은 아직도 멀어

남해 보리암

오롯이 내려앉은 하늘이 비쳐
공적한 남해 바다 비단결 짜고

바람도 숨 막힐 듯 고요에 잠겨
시공이 멈춰 서는 보리암 뜨락

묵언하는 납자의 열린 마음이
처마 끝에 매달린 풍경을 치니

소스라친 물고기 휘휘 돌아서
물결 타고 허공으로 여울진 울림

우주를 오가며 소통하는 무념에
천수천안 삼매 드는 해수관음상

중생마다 속속들이 품은 연민이
솔가지를 건너와 햇살 감친다

산책 1

나는 산책을 한다
정처 없이 이어진 길을

그림자 하나
내 발에 꼭 붙인 채로

여린 풀들이 손짓하고
어여쁜 꽃들이 반기는 길에

줄지어 선 나무들 연이어
나무와 나는 평행을 유지한다

산책 2

늘 똑같은 길을 걷는다
구부러진 모퉁이를 돌면
또다시 이어지는
반듯한 길을 따라
항상 그 길을 걷지만
늘 새롭다

나는 언제나
같은 길을 산책하지만
내가 새로운 모습을 만나는 것은
어제와 오늘과 내일이
언제나 달라지는
알 수 없는 내 마음 때문이다

나는 산책을 한다
늘 같은 길을 걸으며
늘 새로운 풍경을 만난다

산책 3

나는 산책을 한다
걷다가 네모난 돌 의자에
잠깐 걸터앉아
몇몇 사람들이 지나는
실루엣을 스치며
점점이 움직이는
하나의 군상을 인식할 뿐
나는 다시 걷는다
멈춰 있는 나무 그림자를 밟으며
나는 그저 움직이는
하나의 그림자로 존재한다

제2부
돌아보지 마

돌아보지 마
어디쯤
바람꽃
그림자
불 꺼진 창
꽃의 탐미
삶은
물 위에 춤추며
연정
약속
꽃길에서
바람에 기대
얼굴
천년의 사랑
광야

돌아보지 마

걸어온 길을 돌아보지 마
내가 가지 않은 그 길도
꽃 피고 잎 지는
그 숲길도 돌아보지 마

우리가 살아간다는 일은
행함으로 인해 버려야 할 일들이
숲속에 즐비한 꽃과 나무처럼
너무도 많아

그냥 놔두고 걸어

어떤 길을 갈지라도
우리의 선택은 필연

내가 간 길은 익숙함으로
내가 가지 않은 길은 낯설음으로
아쉬움 속에 언제나 두 갈래의
오래된 습관이 있을 뿐이지

어디쯤

돌고 돌아 이곳에 온 우리는
지금 여기에 그저 있을 뿐

모든 것은 물거품
해 뜨면 사라지는 이슬같이
잠깐 머물다 사라지는 환영

아득한 어디로부터 와서
멀고 먼 어디로 가는 건지

시작도 끝도 알 수 없는
우리는 지금
기나긴 삶의 어디쯤 있는 걸까

바람꽃

나는 바람꽃
가녀린 잎맥마다 스며드는
고운 빛깔을 안고
향기 높게 흩날리는
나는 바람꽃
만발한 꽃잎 첩첩이 얽힌
고단한 시름 싣고
창공을 넘어가다
또다시 바람 기댄다
바람이 일어나면 함께 춤추고
바람이 잦아지면 함께 눕는
힘없는 영혼의 맑은 꽃잎
빛깔 곱게 흩날리는
나는 나는 바람꽃

그림자

저리도 밝은 태양 빛
오롯이 떨어져
무슨 서러움 발끝에
드리우고 흔들리는지

한 걸음 옮기면
한 걸음 따라붙고
질박한 흙에 누워
소리도 없이 흐늘거린다

나부끼는 올 올마다
햇살이 비춰
어디론가 걸어가는
검은 그림자

걸음마다 함께 걷고
쉼마다 함께 쉬는
고단한 내 영혼의 반추
그림자 속에는 내가 있다

불 꺼진 창

창마다 불이 꺼지고
어이타 내 맘속에 태워 남은 연민이

어두운 창밖을 집중한다

서성이는 별빛
하루를 꼼꼼히 챙기고

각각이 밝히던 불빛 대신
외면하는 창마다 기웃댄다

어둠 속 가르는 내 마음의 등불도
가만, 그 빛을 바라본다

꽃의 탐미

부푼 망울 속에 온기를 담아
햇살을 받아 안고 눈을 뜨며
시린 바람 속에도 꽃은 핀다
가지마다 어찌
생명이 숨어 있을까
때가 닿으면 일제히
잎을 열어
탐미하는 존재의 색을 피울까
꽃은
온전한 영혼의 불사름
수액을 타고 오르는 몸의 승화다
잎 잎마다 쓰여 있는
우주의 전설이
섭리 따라 어느 틈에 내게 다가와
빛깔로 향기로 나를 깨우며
살라도 마르지 않는
가슴속에 꽃을 피운다
꽃은 사랑이다
원색의 향기로 우리 가슴 물들이는
원초의 숨이다

삶은

돌아서면 사각대는 애통
또다시 밀려오고

몇 번을 연습처럼
지우고 또 지운다

바닷물 출렁이고 부딪치며
저만치 모래 위로 왔다 가는 물거품

해변에 모래처럼 쓸려 가는 아픔 소리
가슴마다 썰물 되어 씻기는

우리들의 삶은 고단한 나루터

물 위에 춤추며

물 위에 춤을 추며
흔들리는 달

수면에서 흐느끼는
파도가 되어
눈물처럼 반짝이며
춤을 추는 달

바다에는 저 하늘이
맞닿아 포옹하고
하늘에는 저 바다가
달빛으로 화답하는데

어이해 내 마음은
저 구름 타고
물 위에 춤을 추며
홀로 가는지

연정

설레며 피어나던 꽃잎
한 줌 바람에 지고

한바탕 헤매던 마음
점점이 꽃잎 타고 흩어져

사라지는 봄날에
가여운 꽃 춤 스러지고

계절이 떠나는 봄 길
그 빛깔 거두는구나

가슴에 묻어 두는 서러운 잔향만
그 연정 오롯이 깊어

약속

아무런 약속도 하지 마
그냥 흘러가는 거야

세상에 영원이란 없어

변한다는 것은
늘 새로워진다는 거야

늘 시작이며
언제나 현재만 있을 뿐

흐름에 편승해야 하는
여여한 우주의 묵시

우리에겐
그런 섭리의 약속이 있을 뿐이야

꽃길에서

길에서 나는
꽃을 만났다
햇살 받아 빛나는
청초한 환희
고개 젓는 앳된 얼굴 따라
꽃바람도 만났다
잔물지는 여울에
나풀대는 맑은 햇살
수많은 얼굴이
길을 따라온다
바람 부는 꽃길에서도 나는
그대를 본다

바람에 기대

바람이 불어오면
그냥 바람에 기대

들녘에 가녀린 꽃들도
환희로운 장단으로 춤을 추고

낱낱이 팔랑이는 작은 꽃잎도
자유로운 날갯짓 나비 되어 난다

인생에
넘고 넘어야 할 일들이
굽이굽이 바람같이 넘실대지만
꿋꿋이 이겨 내는 꽃대처럼
우린 길들여진다

바람이 불면 바람에 기대
아름다운 새날을 맞을 일이다

얼굴

삶의 노정을
지도처럼 새긴 얼굴
골목골목 새겨진
고단한 여정이
무심한 눈빛에 녹아
골을 타고 내린다

빛이 미끄러지며
반짝이는 거울 속에
가만히 들여다보는 초상
손바닥으로 거울을
쓸어내려도
주름진 얼굴은 그대로이다

지워지지 않는 자화상이
물끄러미 나를 바라다본다

천년의 사랑

살갗이 트고 갈라지도록
눈발 속에서도 꼬옥 껴안았던 사랑

촘촘한 나이테 물레처럼 감고
진갈색 베틀에 앉아 살고 있다

날실과 올실로 짜낸
무성했던 우듬지

진액으로 뽑아 올린
끈끈한 사랑도 동강 나고

광활한 우주로 내뻗은 촉수처럼
나무초리 몇 가닥 휘저으며

부르는 듯 보내는 듯
그루터기 맴도는 천년의 사랑

광야

바람이 거침없이 달린다

억새풀 등줄기
기울기 조절하며 방향을 타고
까치발 든 키 작은 풀들은
기권을 선언하고
보드라운 땅에 엎드린다

바람이 쓸고 간 벌판에
송송히 박히는 태양 세상을 개벽하고

지천에 우뚝 선 꽃들과
창공을 나는 새들과
조용히 일어서 만세 부르는 풀들

땅 위에 우주의 씨앗들이 내려와
저마다 활개 펴며 설계하는 꿈 되어
광야는 섭리를 일구고 있다

제3부
낯선 길

낯선 길
공원에서
아침
비가 내리면
풍경 소리
어둠이 내리면
비 젖는 가로등
우산을 쓰고
꽃 그림자
밤의 적막
불꽃놀이
창밖인 비가
고궁 뜨락에서
발자국 소리
종이배

낯선 길

그토록 오가던 이 길이
오늘은 문득 낯설어

오래된 붓대처럼
길가에 서 있는 가로수

나뭇잎 익숙한 손짓도
오늘은 다른 손짓인 양

수많은 행인 속에 섞여
표표히 걸어가는 외인

길을 따라 걸어가는
그림자 하나 문득 낯설어

공원에서

무심히 오고 가는
발자국 따라

햇살 한 줌 따사로이
내려앉는데

가지마다 불어오는
산들바람에

머물다가 떠나가는
꽃잎 한 점아

꽃잎 위에 올라앉은
햇살 한 점아

홀로 남는 긴 그림자만
뉘 없는 길 위를 걸어가느냐

아침

주홍빛 커튼을 열고
맑게 씻은 해가
아스팔트 차로에 들어온다
긴 밤이 지루해
기지개 길게 켜는 햇살 데리고
태양은 가장 높은 빌딩 위로
먼저 달려가 거울 비춘다
실눈 뜨던 세상은
어느새 몽땅 드러나고
오밀조밀 꾸려 세운
또 하루가 시작된다
지난 밤 골똘하던 번민이
잠시 하차한다
달리는 자동차에는
빼곡한 일상이 승차해 있다

비가 내리면

호젓한 숲
오솔길 옆 작은 풀잎
힘겨워 고개 흔들며
숨죽인 비틀거림을 본다

더욱 정결해진 잎맥은
나란히 입술을 다문 채
스러지고 또 생성하는
옥빛 이슬을 머금고

안개 덮인 숲속에 홀로
내 연민의 눈길과 마주하며
오늘에야 비로소 만나는
영롱한 내면의 소통

이슬 풀잎에
숙였다 일어서는 날렵한 점프
비밀스러운 성장이 촘촘하다
나와 풀잎과 비는 소외를 벗는다

풍경 소리

날아오르다 멈춘
처마 끝에 붙들려

세찬 비바람도 끊어 내지 못한
두꺼운 한을 울려라

부서지는 자유 감싸 안고
동그랗게 맴돌다 뛰쳐나온 무심
그 단단한 포옹을 푼다

쇳소리 찰랑 벗어 나와
공간을 색칠하는 메아리

숲으로 하늘로 퍼지며
옭아맨 자유를 터트린다

여전히 줄에 매달린 물고기 한 마리
꼬리만 뱅뱅 흔들며

목 놓아 상혼을 울린다
비로소 한을 털어 내는 풍경 소리

어둠이 내리면

어둠이 내리는 창밖
습관처럼 밝히는 가로등이
유유히 존재를 켠다

내가 가로등을 보는지
가로등이 나를 보는지

우리는 서로 마주하고 섰다

저 등불을 바라보는 건
그저 하나의 습관이다

어느 창가에도 나처럼 홀로
가로등을 켜는
외로운 가슴이 또 있을 터이다

비 젖는 가로등

꿈길 찾아 가물가물
잠에 드는데

나뭇잎 흔드는 소리
빗방울 떨어지는 소리

몽환같이 아른대는 바람결
희뿌옇게 너울 걸치고

매끄러운 살갗 위로
밤새도록 맺히고 구르는 빗방울

발끝 내려보며 고깔 쓴 가로등

내 마음도 고깔 안에 갇혀
밤을 꼬박 밝힌다

우산을 쓰고

드넓은 저 하늘
동그라미만큼 가리고
그 속에 종종 걸어가는 발길

세찬 비바람에
휘청이는 우산 속의 삶

선 굵은 빗방울에
젖을세라 고단한 작은 발자국

펼쳐진 어깨 위로
아늑한 우산 속 공간이 좋아

바람 맞으며 오롯이
앞으로만 내쳐 걷는다

꽃 그림자

사랑이라 뽐내는 가슴
그리도 붉은 빛깔로
저 혼자 사르며 애태우다가
맥없이 나무 아래 떨어지네

간간히 지는 꽃잎 쓰다듬어
바람만 머무는 꽃 그림자에
흔들흔들 제 모습 아리따워
무더기로 상념을 드리우네

그래도 하늘 높이 꽃잎을 펴고
반짝이며 눈부신 고혹의 자태
살포시 꽃잎 한 장 내려와서는
눈물처럼 그림자에 맺히는구나

밤의 적막

밤 내린 공원
나무 벤치

호수에 거꾸로 불 밝힌
아파트 잔영을 본다

색색이 재잘대는 물결
한데 섞여 무심히 노니는 바람

의자 위에는 고요히
별만 내린다

적막이 메운 공중에
얼굴 돌려 세운 가로등이

벤치에 얹힌 나무토막을
무심히 되돌아보고 있다

불꽃놀이

짧은 삶의 팝콘이 튄다
내달려 위를 향한 알알이
높은 곳에 이르러
산화되어 쏟아진다
순간을 불 질러
화려한 오색 빛으로
타올라 사라지는 파편
열정 같은 불꽃이 터진다
창공을 휘젓는
텅 빈 허공 속
힘찬 분출로 사라진다
지상에서 바라보는
수많은 생명들은
그 함성에 숨죽이며 엄숙하다
태연한 자연의 궤도 안에서
우리네 삶과 열정이
찰나에 불과한 것을 받아들이듯
불꽃놀이 포물선이 사라지고 나면
천지는 잠잠하다

창밖엔 비가

창밖엔 비가 내린다
표표히 걸어가는 우산
오고 가는 삶처럼 거리에 흐르고
바삐 지나는 저 행인들 사이로
가로수 푸른 가지 마주하며
작은 아픔에 서로 부딪는다
발길 뜸해진 어느 지점
비바람에 눌린 이파리
후드득 빈 공간으로
공허한 몸짓을 내맡긴다
소란함 속에 더욱 또렷이
가슴 차오르는 깊은 정
볼륨 올린 음악이
빗소리 되어 창밖에 내린다

고궁 뜨락에서

담장으로 엄격한 줄을 그은
고색창연한 궁궐
궁녀들의 웃음이 단청으로 피었다

풀 한 포기 없는 단정한 마당
옛 발자취 위로
햇살이 카펫을 깐다

한 맺힌 굴곡의 역사가 뜰을 거닐고
담담히 목도한 우람한 나무
나뭇잎 살랑이며 기록을 쏟아 낸다

영화도 인걸도 간데없건만
후궁의 분내를 떼어 내 개화한 연꽃
무언으로 전하는 염화미소

야사의 고백 가슴을 적시며
석양에 흐려지는 궁궐의 고색
천천히 카펫을 걷어 들인다

발자국 소리

길을 걸으면 채비도 없이
터벅터벅 따라나서는
발자국 소리

쓸쓸한 그림자 끌고
공허를 울린다

걷다가 멈춰 서면
어디론가 사라지고

싸늘한 밤바람에
재촉하는 발걸음만

안쓰러워 떼어 내지 못한 채
그 소리 함께 데리고 간다

종이배

드넓은 세상으로 떠나고 싶어
작은 강나루 기슭에
손을 흔들며 뒤뚱대는 걸음

어디로 가는지
어디에 닿을지

알 수 없는 여행을 떠난다

세모로 돛을 달고
산천의 풍경을 실어 담아
미지의 설렘이 물 위에 출렁인다

철썩이는 물결을 재촉해
다부진 대장정을 시작하는 대지

눈부신 햇살이
깃대를 꽂아 놓는다

어디로 가는 건지
어디에 닿을 건지

제4부
고독한 열림

고독한 열림
봄비
봄의 연가
봄꽃
가을 산
설산의 솔잎
수평선
비
오후의 계곡
해무
꽃은
기러기
낙엽
가을 눈동자
도자기 컵

고독한 열림

송송이 망울진
봄꽃이 채비한다
둘러싼 꽃받침
마침내 숨 터져 벙글고
그 위로 부풀어 열리는
연분홍 맑은 꽃잎의 탄성

혹독한 겨울 견디며
안으로 겹겹이 접혀 있던
여인의 고독한 사모
내면으로 응집된 열정이
짙은 향기로 승화되며
사립문 밖 세상과 소통한다

봄비

회색의 공중을 비집고
이슬처럼 내리는 꽃비

간간 불어오는 바람결에
하늘 가리는 실 커튼

높은 창공 눈부신 나룻배
타고 놀던 저 구름도

흔들리며 흩뿌리며
시나브로 하늘 강 노를 저어

천지에 내리는 꽃잎이 뚝뚝
떨어져 땅 위에 꽃구름 짓는다

봄의 연가

마른 가지 벙글어
붓끝 놀리는 봄 햇살

사부작 봄바람이
꽃망울에 일어

흔들리며 점점이
피어나는 봄꽃

줄기마다 가슴 열고
꽃 타래 풀며

저 멀리
떠나가는 향기
바람에 실려 가는 연가

봄꽃

봄꽃이 핀다
구부러진 울타리에
연분홍 꽃 손톱이 콕콕 댄다
바람이 몇 날
햇볕이 몇 날
고 작은 솜털이
삐죽 손가락을 편다
꽃잎 속으로 파고드는
햇살
촘촘히 녹아드는 온기에
오므렸던 다섯 손가락
꽃잎이 열린다.
고 안에 꽃술이 간질인다
가만 들여다보는 눈길 따라
들어앉는 사랑
내 연민을 보듬어
연분홍 사랑이 핀다
어딘가에도
떠나간 사랑이 바람에 울며
꽃술은 보드라운 잎 결을
간질이고 있을 터이다

가을 산

그리움 붉어지다
실루엣에 실려 간다

표표히 내려오는
색색의 인연들

색 물결 유희로
공간 누비며 뒤척이는 몸짓

바람 타고 바람을 넘으며
시공을 뒤흔드는데
빛바랜 조각들이 포개어 쌓인다

시나브로 허공에 붓끝을 돌려 치며
허허로운 하늘빛만 채색하다
가을 산 그 사이로 내려놓는 시름 번뇌

설산의 솔잎

간밤에 하얀 눈은
소리 없이 산을 덮고
골을 타고 재를 넘어
휘몰아치는 밤바람에
눈발 스친 푸른 솔잎
높은 창공 몸을 터니
실눈 뜨는 아침 햇살
홀로 맞아 푸르구나

수평선

누가 선을 그었나
저 하늘 바다에

차단한 장막
끝닿은 수평선이

막다른 길처럼
가로놓인 한 줄

누가 저 먼 곳에
평온을 가장한 혼돈으로

저리도 깊고 오래된
끝닿은 경계를 그려 놓았나

비

나무를 흔들어
잎 내리는 초록 비

고운 빛 흔들어
꽃 내리는 분홍 비

날아가는 잎 잎마다
거침없이 맥이 뛴다

멀어지는 안개 속
빛깔을 가리고

저마다 감추인 슬픔에
젖은 꽃술이 잠긴다

오후의 계곡

흘러 모인 계곡물

광활한 하늘 화선지 되어
흰 구름 푸른 나무 담고

물에 어려
온종일 간질이는 바람 붓

그 끝으로 그려 낸 한 폭의 담채화
물에 담긴 내 그림자

터널 이어진 나무 어깨 틈새로
스미는 햇살 반짝인다

은밀히 내 가슴 두드리는
한적한 계곡의 오후

해무

바다가 입김을 내뿜는다
소용돌이치는 깊은 물속의 한탄처럼
물기 어린 바람이 내달린다

수면을 덮고 오르며
하늘마저 끌고 내려오는 해무

수평과 지평의 경계도 없이
작은 섬들마저 꼭꼭 숨는다

순식간에 세상은 스러져 간다
망망한 바다가 사라지고
바라보는 나도 사라졌다

어디서부터 토해 내는
깊은 한숨인지
바다와 나는
에워싼 해무에 속수무책이다

만상이 아무것도 보이지 않는다
해무는 오히려 평온하다

꽃은

한 송이의 꽃이 피려면
더 많은 햇볕과
더 많은 빗방울과
더 많은 바람과
더 많은 인내가 필요하다

꽃은 단순한 치장이 아니다

맑고 고운 빛깔을 빚는 영혼과
향기 고이는 인고의 시간과
꽃잎을 여는 열정의 에너지

그것은 온전한 바침이다

꽃은 단순한 생명이 아니라
하나의 성스러운 탄생이다

기러기

떼 지어 나는 기러기
길 터 준 창공은
어디든 걸림이 없다

허공에서 허공으로
철 따라 옮겨 가는 나래 행렬
정처 없이 계절을 딛고 생을 지난다

문득 뒤돌아보면
무리들의 날갯짓뿐
앞으로만 무작정 날아간다

기러기가 보는 것은 허공
날개를 접을 수 없어
탕탕한 그 끝을 찾을 뿐

허허한 공간에 깃들 수 없으니
날지 않으면 추락한다
기러기는 무한으로 날아가야 한다

낙엽

첫 순 내밀 때 아픔
손을 꼭 잡고 밀어 준 꼭지
신록의 찬란한 도취에
한 빛으로 기쁨 나누었네

필생의 뜻을 팔랑이며
수액의 지도를 그리던 잎맥

어느새 힘줄 조여 오는 고갈에
떨켜 신음 소리 우수수
힘겹게 잡은 고삐 끊어져

툭 떨어지는 낙엽

바람 그네 타고 한참을 흔들리다
바스러지는 육신
태초의 땅으로 돌아가네

가을 눈동자

더 깊어진 눈망울

먼 데 풍경을 담은 채
호수는 심오한 눈동자로
신비로운 하늘의 색을 관조한다

수많은 천둥소리에 소스라치고
비바람에 깜빡이던 동공

요동치던 마음이 심연에 가라앉고
햇볕이 풀려나와 소요한다

가을 호수는 성만한 성자의 눈빛
만물을 보듬어 안고 통섭하는
세상 너머 우주의 통안이다

도자기 컵

황토로 농익은 토력
천고의 세월을 반죽한다

물레를 돌려 시름을 떼어 내고
손가락 촉감에 도공의 혼을 실어
허공의 숨을 한껏 들이켠다

습기로 보드라운 살결을 빚어
다소곳이 얹힌 시렁

뜨거운 가마에 사르는 번뇌
하늘로 오르며 흩어지는 연기

매끄러운 살갖 단단히 응축해
텅 빈 가슴에 차를 담는다

땅속에 묻혀 있던 사랑이
그윽한 차향으로 승천한다

제5부
버스를 기다리며

버스를 기다리며
지하철 풍경
고요
바퀴
인천대교를 건너며
붉은 와인
늦은 가을날
은꽃새
들꽃
송도갯벌 람사르
메타서 쿼이아
책
풀잠자리
외발 거미

버스를 기다리며

나는 정거장에 서 있다

버스를 기다리며
오고 가는 행인들을 바라본다

무심한 시선 사이로
버스 한 대가 정차하고
타인의 행렬이 분주하다

내가 타야 할 버스는
아직 오지 않았다

목을 늘여 먼 곳을 쳐다본다

쾌쾌한 매연을 마시며
지루하게 서 있는 군중 속에서
나는 내가 타야 할 버스를 기다리며
정거장에 서 있다

지하철 풍경

고단한 삶이 나란히
앉아서 흔들거린다

잠시 기댄
휘어진 등줄기 뒤로
창밖의 도시를 보내며

시공을 잊은 무심한 눈빛 위로
안내 방송이 울리며 정차역을 읽는다

졸린 눈 비비며 일어나

내려야 할 정거장에
다급히 뛰쳐나온 하품

지친 얼굴들을 싣고
멀어지는 지하철은
저녁노을 끌며 철길을 달린다

나는 총총히 집으로 돌아간다
지하철의 풍경은 늘 그렇다

고요

출렁이던 물결이
잠잠해진다

마음 깊은 곳에
상념을 털고

가슴을 탈출하여
일제히 일어서는

미세한 세포의 울림

고요의 충만이
환하게 열린다

바퀴

숨쉬기조차 힘든 무게를 이고
굴러야 해요
운전하는 핸들을 돌리면
나는 돌아야 해요
페달을 밟으면 가속을 내어
시커먼 아스팔트 꾹꾹 누르며
힘차게 질주해야 해요
비탈길을 올라갈 땐
굉음 소리에 귀 틀어막는
스테인리스 휠을 꽉 잡고
전력을 다해 달려야 해요
나는 목적도 없이
그네들의 목적지에 닿아야 해요
축을 잇는 저쪽에는
나처럼 둥그런 바퀴가
신음하고 있어요

인천대교를 건너며

바다 뱃길을 가르며
초승달 모양으로 비탈진
인천대교를 지난다

가로놓인 바다에는 건널 수 없는
애절한 사연도 많았으련만
말없이 언어를 주워 싣고
무심히 달려가는 자동차들

오늘 바다는 고요하다

잔잔한 서해가
은꽃을 뿌린 듯 반짝이고
내 마음에서 뜯겨 나간
아픔들 알알이 떨어져

보석처럼 바다에 박힌다

묵묵히 받아 주는 은빛 바다
갯벌 위로 날아든 햇살이 누워
반사광으로 보석을 줍는다

바다는 은밀한 고백처럼 빛난다

붉은 와인

열망이 터져
맑은 유리잔 속에 들어간다
붉게 춤을 추다 들이붓는
깊은 적색의 매혹

외로운 사람들은
손끝으로 잔을 부딪치며
코끝으로 열정을 흡입한다

천천히 몰입하며
온몸을 타고 스며드는
와인의 격정적인 채움

붉게 매료되는
쓸쓸한 여인의 눈빛이 취한다

늦은 가을날

마른 갈잎이 앞다투며
여정의 흔적을 떨군다

수많은 시간들이 켜켜이 얹힌
들녘은 퇴색하고

바람 맞으며 걸어가는
쓸쓸한 황혼

게슴츠레 흐려진 눈을 뜨고

영락하는 만물의 건조한 고갈을
조용히 바라보고 있다

은꽃새

밤이슬 내리는 불빛 아래
날개 출렁이는 은꽃새
물길을 박차고 오르다 주저앉는
물 깃의 떨림

다시
물결을 따라 숨죽이는 호흡
흩뿌리는 가로등 불빛이
주저앉아 물 위에 모여 노닐 뿐

은꽃새는 끝내 날지 않는다

먼 길 달려온 밤바람도
눈부신 은색으로 살포시 내려 젖는다
은꽃새는 젖은 날개 퍼덕일 뿐
끝내 창공으로 날지 않는다

들꽃

까치발 딛고 서서
함초롬 벙근 들꽃
붉은 수액이 흐른다

빨간 꽃 무리
하늘을 이고
꽃잎 속에 스며들어
미미하게 뛰는 나의 심장

가냘픈 연서에 매료된
들꽃의 끌림

가녀린 줄기 타고 올라선
눈부신 태양의 반사는
광야의 탐미를 외친다

송도갯벌 람사르

갯벌 위로 햇살 자락 훌훌 깔면
은색 비단 눈부신 구김살 위로

머나먼 길 계절을 돌아들며
무늬 짓는 새들의 화려한 군무

빌딩 숲 차단된 터 너머
생명의 박차 오름 환희로워라

찬란히 깃들어 세계를 잇고
허공을 저어 가다 내리는 고단한 자유

천년의 보고 돼라 송도갯벌이여
숭고한 탄생 돼라 람사르여

메타세쿼이아

당당한 기품 웅장한 자태로
높은 의관 걸치고

호위하듯 줄지어
길가에 사열한 메타세쿼이아

그 녹음 아래 손잡고 걷다가
포옹하는 연인들의 인증 샷

우수수 바람이 불어오면
메타세쿼이아 터널 사이로

잎잎이 공중 나는 낙엽송
깎여 나간 머리털처럼 흩날린다

수많은 사람들의 사랑과 이별이
오래도록 이 길에 숨었으리라

책

책 속에 빼곡히 영혼이 있다
난세의 지혜도
사랑의 충만도
줄지어 선 활자 속에 숨어 있다

외로운 사람은
고독을 잊기 위해
더러는
아름다운 인생을 만나기 위해
책 속을 걸어 들어간다

책 속엔 이정표가 있다
어떻게 살아가야 하는지
어떻게 극복해야 하는지
현명한 길을 안내해 준다

깊은 눈빛으로 산책하는
책 속에는 세상이 살고 있다

풀잠자리

꼬리 끝 견사로 매듭짓고
가느다란 실에 매달려
뜨거운 여름날을 꼽고 있다

몇몇 날 환생을 꿈꾸며
고치에서 풀려나온 우화
홑눈으로 세상을 엿본다

황금빛 들녘에 나풀대는
망사 그물로 얽은 날개
햇살을 체질하며 비상한다

풀대에 앉은 틈
연둣빛 휴식에 나른한 때

알알이 심어 놓은 천년의 꽃
우담바라 촘촘히 피었다

외발 거미

외발 거미가 걸어간다
실을 뽑으며 듬성듬성 건너다가
때론 한 줄로 촘촘히 걸으며
되돌아볼 틈도 없다

노란 해바라기꽃을 타고
그 속에 쏙쏙 씨앗도 심는다

쭈욱 미끄럼 타고 내려와
굵은 줄기도 세우고
하트로 잎사귀도 키운다

하얀 땅을 기어 다니는
외발 거미는 날렵하다

손끝에서 살포시 춤추는 나비

외발 거미는 총총 뾰족한 발끝을 세우고
반짇고리 속으로 들어가 숨는다

해바라기꽃이 밝게 웃는다

제6부
하얀 달

하얀 달
별
운해
호수의 달
호수
새벽
저녁 강
반달로 뜨고
밤의 물결
바람
낙화
붉은 꽃
한낮의 대숲
바람 부는 숲
태양 아래 선 나무

하얀 달

시린 하늘 얇은 실오라기
새털구름 두르고
유유히 떠 있는 하얀 달

어찌 그리 여린 얼굴이더냐

처연한 외로움
저 홀로
날마다 살라 온 가슴이더냐

하얗게 여윈 얼굴로
맘 밝히는 등불 사르고
한낮부터 일찌감치
뉘를 마중 나왔느냐

먼 길 가야 하는
발걸음 안쓰러워
창백한 얼굴로 기다리고 있는 너는

가슴이 시리도록
처절한 사랑 같구나

별

보석처럼 콕콕 박혀 빛나는 저 별들은
수백 수천의 광년을 달려
아스라이 내게 닿는 속삭임
사랑해 그리웠노라

우주의 궤도를 돌며
가물가물 내게 보일 즈음
그 어떤 별은 이미
그 말 남기고
사라지고 없을지도 몰라

그토록 까마득한 거리에서
내 가까이 와 빛나는
존재와 존재 간의 오랜 신비

광활한 우주로
무언가를 향해서 가는 끝없는 유영이
우리들의 가없는 상상처럼
별은 저마다의 고독한 꿈일지도 몰라

운해

웅장한 산 능선이
심호흡을 뱉어 낸다

덩치 큰 맥박이 소리도 없이
제 몸 가누며 위용 있다

스멀스멀 빠져나온 체온이
천지를 가득 메우고

구름바다 끝에서부터 해를 건져 내
산머리에 길게 용틀임한다

낱낱이 일어서는 숲속 생명들
새로운 성장이 운해를 밀어내고

세상은 의연하게
일상의 삶을 꾸린다

호수의 달

무심하게 가물거리는
은빛

호수 위에 달이 뜬다

저 하늘 높은 곳이
처연히 깊어져

한 호흡 자맥질

물속 깊이 들어가도
감출 수 없는 흔적

저 산마루를 걸어
봉우리에 등지면
출렁이는 산자락 길 뒤로

달이 숨는다

호수

뭉글뭉글 솟은 봉우리
겹겹으로 어깨 걸고
산에 산이 포개지며
초록 병풍 둘렀네

비단 강 오가던 강나루
흔적 없이 사라지고
세월처럼 흘러온 물이
가로막혀 한데 고여

토닥 쓰다듬다
달음질치는 파랑을 따라
접히고 되접히는 물 주름
넘실대는 은빛 해 여울

마을 떠난 사람들의 애환처럼
호수에 얼비치는 나무 그림자
금빛 놀던 초가집 흔들 찾는다
헤어진 얼굴들을 기웃 찾는다

새벽

감춰진 만물이
희미하게 드러난다
시커먼 산 능선을 두드려
후광을 뿌리며 열리는 문
조심스레 깨울 때
천천히 일어서는 실루엣
어둠을 조금씩 떼어 내고
저마다 색칠을 시작한다
해는,
고유의 존재를 깨운다
숨죽인 모든 것이 되살아나
생생한 얼굴을 내밀며
새벽이 얽어내는 세상은
얼기설기 매달려 있는
고치처럼 꿈틀댄다

저녁 강

강물에 빛이 깔린다
산 고개 넘어
낯선 마을 다녀온
해님의 고된 얼굴

강물에 세수한다

들녘을 누비며 나눈 인심
넉넉해진 마음까지 닦아 내고

집으로 돌아가는 길손
그 걸음의 보폭만큼

출렁이며 일기를 쓴다
저녁 강은 잔잔히 살고 있다

반달로 뜨고

밤바다에 달이 뜬다

텅 빈 하늘 고요히 내려와
이지러진 물살 헤집으며
조용히 받쳐 든 반달 한 쪽

가슴에 남겨 둔 연민처럼
조각을 하나 감추고
은은한 허공으로 빛을 날린다

저 구름 속 헤쳐 나오다
제 모습 떨어뜨린
은빛 하늘바다

물에 젖는 적막한 가슴
빈자리 채우지 못한 채
하얗게 빛바랜 반달이 뜬다

밤의 물결

어두운 빛 내려앉은
물결 위
은색으로 일렁이는
숨 가쁜 바람
총총히 걸어가는
네온등을 따라
총총히 밀려나는
주름진 하얀 물결

지나온 시간들을
가슴에 밝히며
애써 밀어내는 몸짓
찬바람에 휘날리는
내 긴 머리칼은 어지럽고
강물은 춤을 춘다

물결이 일어서인지
바람이 불어서인지
물에 젖은 그림자도
리듬 타고 흔들린다

바람

바람을 맞는다
고운 살을 훑으며
스쳐 가는 그대 손길처럼

나는 바람을 맞는다

저 들녘 끝에서 불어와
낙화처럼 허공을 누비며
잠깐의 체감을 거두면

너를 따라나서다

세월처럼 놓쳐 버린 나
바람, 너를 보낸다

낙화

넓은 유리창만큼 보이는 하늘
한 아름 벚꽃이 흐드러지고
가슴 열면 홀린 듯
곱게도 창문을 수놓았네

미칠 듯 피어나던
그 꽃잎 부풀어 나풀거리며
하늘 따라 꽃잎 따라
무희 된 몸짓의 고백

공중으로 가벼이 날며
실바람 손짓에 끌려
한 점 헤매다 하염없이
저 하늘 흩어지는 꽃들의 혼

붉은 꽃

메마른 가지 안에
꼭꼭 숨어 있던 비밀
햇살 두드림에 털어놓고 말았구나
팔 벌려 고스란히
너의 물든 가슴을
곱게도 받들어 드러내고야 말았구나
어디,
감춰 둔 사랑을
마음껏 누려는 보았더냐
배시시,
바람에 웃음만 지을 뿐
툭툭 튀어나온 꽃 가슴
길손 눈짓에 하늘거리며
휘감는 초록 치맛자락이 차마 가릴 수 없는
뾰족한 봉오리마저 애틋도 하구나
꼭지가 마르도록 불태운 사랑
훌훌,
벗어 던져도 쌓이는 미련
낙화로도 버릴 수 없는 사랑은
땅으로 떨어져도 붉은 나의 임

한낮의 대숲

한낮의 햇살이
대나무 사이 졸다가
눈부신 잎맥마다
미끄러지는 맑은 햇빛

사그락사그락
산들바람에
깃을 털고 날아가는
작은 텃새 한 마리

햇살을 흔들며
날갯짓 분주하게
대숲 사이
선잠 깨운다

바람 부는 숲

찬란한 태양 아래 너울 숲
그림자 더욱 짙게 드리운다

삼림을 통째 흔드는 바람
넘실 언저리를 넘고 넘어
휑하니 온몸을 휘감고

나무들이 사립한 숲속을 질주한다

우수수,
돌풍이 지나는 하늘길 따라
외마디 소리로 호들갑 떠는 이파리들

너울져 내려앉는 바람 끝자락에
실루엣 아롱지는 나무 그림자

바람,
송두리째 생명을 흔들고는
내 그림자 할퀴며 달음질친다

태양 아래 선 나무

당신은 누구시길래 이렇게
온몸을 비추어 빛을 내리고

두 손 모아 단정히 멈춰 선 채로
고스란히 그림자를 드리우는가

당신은 누구시길래 이렇게
끝없는 기다림처럼 머물러

오가는 바람이 미풍으로 속삭이듯
서글픈 가슴으로 울게 하는가

당신은 누구시길래 이렇게
깊은 연민으로 뿌리를 내려

계절이 지나가는 뜨락에 서서
사랑 같은 태양을 안고 있는가

제7부
가을 민들레

봄이 오는 길
산수유 노란 꽃
하얀 목련
나리꽃
능소화
수련
제비꽃
풀꽃
가을 민들레
가을 담쟁이
대나무 숲
강아지풀의 겨울
장미꽃
달리아꽃
도라지꽃
배롱나무꽃

봄이 오는 길

봄은 걸어오고 있다.
살얼음 들판을 딛고
천지를 감싸는 안개 속으로
느릿느릿 베일 걷치듯
아지랑이 세상을 두르면서

부드러운 봄바람에
눈을 뜨는 새 움
봄이
걸어오는 길 위에
숨죽이던 기다림이 열린다

하얗게 서성이는 봄 안개
그 속에 숨어 터지는 꽃망울이
가지마다 분홍색 화관을 쓰면
아른아른 꽃가지 사잇길로
내 마음도 봄 마중 나간다

산수유 노란 꽃

누구보다 제일 먼저
찾아온 봄

앙상한 가지마다
오밀조밀 순한 눈망울 뜨고

햇살 송송 받아
긴 겨울 매서움 녹여 내네

한바탕 손뼉 치는 환희
가만 들여다보면

그 속에 숨어 있던 겨울바람도
살며시 문 열고 나와

노랗게 노랗게
방울방울 부푼다

하얀 목련

하얀 꽃잎 공손히 머리에 이고
눈바람 헤쳐 온 길
가지마다 맺혀 있는 인고의 순백 눈부시다

우아한 곡선에 선을 긋고
은은히 도드라진 햇살
살포시 마음 열어 전하는 하얀 편지

아름다운 미소에 빠져
함께 피어나는 길손 마음에
고요히 오가는 교감이 있다

하얀 목련은 묵언으로 내통한다

나리꽃

그대가 받쳐 든 우산처럼
여섯 갈래 펼쳐진 꽃잎

바람 속삭이는 꽃술 아래
쏟아지는 태양 빛 소중히 받들고

어깨 위로 감싸 안은 팔처럼
굽어져 빛나는 주홍빛 연정

환희로운 그 빛깔에 끌려
고요히 내 마음 빠져드는데

어느 틈에 그대가 꽃술 위에
잔잔한 얼굴로 웃고 있네

능소화

그리움 하도 깊어
절절히 오르는 넝쿨

벽 넘는 줄기마다
임 부르는 꽃대

사무친 연정
꽃 치마를 펼치고

침묵 속에 연가를 타면

나팔 소리 꽃바람에 실려서
함께 붉는 내 마음

수련

온몸을 풀어 받쳐
물에 뜬 넓은 이파리
꽃대 세우는 고결한 순종이다

물살 다독여 잔잔한 틈새로
햇살 모아 맑아진 빛깔
꽃봉오리 솟아오른다

찰나의 시간을 꺼내
한 잎 한 잎 튕겨 올리며
다소곳한 손끝 세워 하늘을 받든다

바람 스쳐 열리는 꽃잎
마음이 열리는 무드라
잔잔히 울려오는 신들의 언어

제비꽃

하늘에서 땅으로 계절이 돌아
삐죽 솟아오른 작은 제비꽃

머리 위에 초록 모자
단단하게 여미고
조금은 시린 얼굴 고개 숙였네

먼저 핀 여린 꽃잎 순진한 첫사랑에
봄바람 남 볼세라 나지막이 다가와
무어라 몰래 속삭였는지

하늘하늘 여울지는 낮은 물결
천지를 깨우는 보랏빛 아지랑이

풀꽃

추운 겨울 떠난 줄을
감쪽같이 알아차렸구나

뾰족뾰족 노란 꽃잎
눈짓 들어 솟는 미소

길손의 춘심에도
스치는 춘풍

환희로운 꽃 너울
탄성 지르며

어디나 고향 같은
풀밭을 지나

나도 함께 꽃소식 데리고
들판을 거닌다

가을 민들레

높아진 하늘 아래
스산한 바람 머물고
철마다 제 날 곳을
모르는 바 아니건만
속절없는 미련으로
아직도 봄을 붙잡고 있나
차가운 바람만
잎 잎마다 스며들어
맑아진 햇살 또한
더욱더 시려 오고
가을이 깊어
시름도 깊은데
가을 민들레 눈부시게
저 홀로 간직하는
노오란 꽃반지

가을 담쟁이

돌벽을 오르는 가을 담쟁이
말없이 지나는 계절을
발톱으로 꼭 잡고 빨갛게 색칠한다

절망 같은
혹은 희망의 모험 같은 돌 위를 걸어
오르는 것이 그의 생명인 까닭이다

결코 서두르는 법도 없다
어느 지점에 도달하는 것보다
오르는 걸음걸음이
살아 있음의 상징인 까닭이다

높은 벽을 향해 전진하고 포진하며
거친 돌벽을 에워싸고 점령하는 단풍

붉은 잎은 스스럼없이 진다
앙상한 줄기마다 이치를 더듬어
초록의 새잎을 키워 내기 때문이다

작은 발톱이 끝없는 섭리로 승화한다

대나무 숲

지천에 꽃 잔치 펼쳐지거늘
올곧은 초록의 꼿꼿한 자태

나란히 잎맥에 닿은 빛 타래
봄을 맞이하는 얼굴 청아하다

줄지은 대숲 사이 희미하게
언뜻 보이는 분홍 꽃 무리

미끄럼 타는 실루엣에
실려 가는 봄 향기

대나무 틈새로 얼비친 봄빛이
바람결에 춤을 춘다

강아지풀의 겨울

녹음을 휘젓던 계절 보내고
애벌레 굼벵이처럼
몸을 움츠린 강아지풀

숭숭히 박힌 솜털 위로
파고들다 모인 눈송이

봄빛 살랑이던 연두 꼬리가
혹독한 겨울바람에 떨며
푹신한 눈 모자 눌러쓴 채
힘겹게 까딱이며 벌판에 섰다

날리던 하얀 눈가루
칼바람에 꽁꽁 얼어
몇 날을 조는 듯 끄덕이며
황량한 바람만 춤사위 넘는다

장미꽃

열망이 핀다
고혹의 붉은 빛으로
도톰하게 벌어지는
탐스러운 입술

태양 빛 들어차
타오르는 가슴이
만개하여 날리는
농익은 향기

요염하게 고개 세우며
절개를 버린 기녀처럼
실바람 올라타고
그 몸짓 내게 온다

달리아꽃

목을 곧게 빼고
등줄기 곧추세우며 각도를 잰다

어여삐 꽃대 받들고
당당히 선 도도한 얼굴

겹겹이 튕겨 나온
꽃잎을 다잡아
천신 맞이하는 솟대 세운다

고깔 봉투 꽃잎에 끼워
태양 빛 넘치도록 모아 담고

눈부신 우미優美에 빠져드는
내 사랑
화관에 다홍색 고깔 꽂는다

도라지꽃

풀숲에 별이 내려왔다

선명하게 다섯 각을 도려낸
보라색 별이 내려왔다

몇 광년 우주를 헤엄쳐
푸른 들판에 터를 잡고
뉘의 혼령으로 다시 태어났는지

잎맥마다 뚜렷한 핏줄
보라의 생명을 불어넣고
불 지르는 태양의 호흡

풀숲에 부활의 맥이 뛴다

배롱나무꽃

안으로 곰삭은 고독
하늘만 받쳐 들고 마당에 서 있다

발은 땅에 박힌 채
터져 나오는 오열이 몸부림치며
몇 겹의 껍질만 벗겨 낸다

몸 뒤틀며 드러내는
백일의 설렘

소담스레 담긴 분홍 꽃 소반에
은밀한 고백이
햇살을 이고 수북이 쌓여 있다

에필로그

때론 사는 게 힘들고 지친 모든 이에게 '땅에서 넘어진 자 땅을 짚고 일어서라,'는 위로의 문구를 전하며 사랑과 평온이 항상 함께하시길 두 손 모은다.

휘서輝瑞　최영희